ALLES AUS 1

PFANNE

ALLES AUS 1

PFANNE

Clever und schnell gekocht

Rezepte von Anna Helm Baxter
Fotos von Beatriz Da Costa

at VERLAG

INHALT

Bevor ich Kinder hatte, hatte ich nur wenig Ahnung, was es wirklich heißt, wenig Zeit zu haben. Nachdem ich nun seit fünf Jahren Mutter bin, passiert es mir oft, dass ich andere Eltern frage, wie sie es schaffen, jeden Abend ein anständiges Essen auf den Tisch zu bringen. Zwischen Hausarbeit, Pflaster auf Wunden kleben, Pausen- und Mittagsbrot einpacken, Gute-Nacht-Geschichte erzählen und Geburtstagspartys veranstalten, ist manchmal der Verzicht auf wertvolle Familienzeit die einzige Möglichkeit, ein Abendessen auf den Tisch zu bringen.
Bei der Vorbereitung dieses Buches war es mir daher sehr wichtig, dass die Rezepte mit der ganz normalen Hektik eines Wochentags vereinbar sind. Selbst nach einem langen Arbeitstag. Und auch dann, wenn die Kinder ungeduldig am Rockzipfel hängen. Ebenso geeignet fürs Wochenende, wenn man gerne etwas Besonderes auf den Tisch bringen will, aber keine Lust hat, den ganzen Tag in der Küche zu verbringen. Zudem machbar ohne viel Geschirrspülen. Hier werden keine schwierig zu beschaffenden Zutaten verwendet, und auch lange Erklärungen braucht es nicht. In diesem Buch finden Sie einfache, schmackhafte, vollständige Mahlzeiten, die ohne großen Aufwand auf dem Tisch stehen. Denn wenn man sich schon die Mühe macht, selber zu kochen, soll man das Essen auch mit seinen Lieben teilen und genießen können – das ist das Allerwichtigste überhaupt.

DAS BRAUCHEN SIE

Wenn in den Rezepten eine Pfanne zum Einsatz kommt, ist entweder eine Gusseisenpfanne oder eine Pfanne aus rostfreiem Edelstahl mit Aluminium- oder Kupferkern gemeint, die auch backofentauglich ist. Und zwar benötigen Sie eine große Edelstahlpfanne von 30–33 cm Durchmesser, eine große gut eingebrannte Gusseisenpfanne derselben Größe und eine kleinere Gusseisenpfanne zum Backen mit 23 cm Durchmesser. Weitere Informationen dazu auf den folgenden Seiten.

GUT ZU WISSEN

Während antihaftbeschichtete Pfannen (Teflon u.ä.) nicht leer erhitzt werden sollten, ist dies bei Pfannen aus Gusseisen oder rostfreiem Edelstahl problemlos möglich; es sorgt für effizientes Anbraten und gute Kochresultate. Das in den Rezepten erwähnte leere Erhitzen der Pfanne geschieht in der Regel, sofern nicht anders angegeben, bei mittlerer Temperatur. Siehe dazu auch den Wassertest auf Seite 9.

DIE PFANNEN

GUSSEISENPFANNE

Pfannen aus Gusseisen sind vielseitiger verwendbar als antihaftbeschichtete Pfannen und erschwinglicher als solche aus rostfreiem Edelstahl. Sie sind allerdings schwerer und verlangen etwas mehr Pflege. Die Vorteile: Anders als antihaftbeschichtete Pfannen können Gusseisenpfannen auf allen Wärmequellen benutzt werden, auch unter dem heißen Backofengrill. Sie speichern die Hitze besser und sind ideal zum Schmoren, Anbraten und Frittieren. Sie brauchen allerdings genügend Zeit zum Aufheizen, und man sollte sie nicht in der Spüle einweichen. Sorgfältig behandelt, halten sie aber ein Leben lang.

WICHTIG

Die Pfanne muss gut eingebrannt sein, damit nichts anbrennt.
Mit hohem, geradem Rand geeignet zum Schmoren, Pfannenrühren sowie Backen.

TUN:

- Verwenden für Herd, Backofen, Grill und Ofengrill.
- Kochhandschuhe benutzen.
- Pfanne mit Küchenpapier ausreiben, solange sie noch warm ist.
- Unter heißem Wasser abspülen.
- Wenig Spülmittel und kratzfreie, nicht scheuernde Bürste oder Schwamm verwenden.
- Danach Pfanne trocknen und mit Öl einreiben.
- Hartnäckige Speisereste mit Öl in der Pfanne leicht erhitzen oder die Pfanne mit grobem Salz leicht ausreiben.
- Für Fisch und Meeresfrüchte separate Pfanne verwenden.

NICHT TUN:

- Pfanne einweichen oder feucht verräumen.
- Säurehaltige Speisen lange darin kochen.
- Viel Spülmittel oder scheuernde Bürsten/Schwämme benutzen.

EDELSTAHLPFANNE

Edelstahlpfannen sind für viele Zwecke verwendbar. Bevorzugen Sie Pfannen mit drei Schichten oder mit Aluminium- oder Kupferkern. Mit Edelstahl ausgekleidete Pfannen sind vielseitig, reagieren nicht mit säurehaltigen Lebensmitteln und lassen, richtig vorgeheizt, nichts anbrennen. Eventuelle braune Punkte, die sich bilden, lassen sich wegschrubben.

TUN:

- Pfanne mit ofenfestem Griff wählen!
- Verwenden für Herd, Backofen, Grill und Ofengrill.
- Pfanne erhitzen und Wassertest machen (siehe rechts), um die Temperatur zu überprüfen.
- Pfanne in warmem Wasser mit Spülmittel einweichen oder Wasser darin aufkochen, dann erst schrubben.
- Pfanne vor dem Säubern abkühlen lassen.

NICHT TUN:

- Speisen in der Pfanne mit Gewalt wenden.
- Speisen zu stark erhitzen, sie brennen sonst an.

WASSERTEST

Edelstahlpfannen müssen ausreichend lange vorgeheizt werden, bevor die Zutaten hineinkommen. Sonst bleiben diese an der Pfanne haften und lassen sich nur schwer wieder entnehmen. Um zu prüfen, ob die Pfanne heiß genug ist, dient der Wassertest: Die Pfanne auf mittlerer Hitze leer vorheizen. Einen Spritzer ($^{1}/_{8}$ TL) Wasser in die Pfanne geben. Er wird zunächst unbeweglich bleiben und dann wegblubbern. Kurz darauf wieder einen Spritzer Wasser hineingeben; er wird sich in kleine Tröpfchen zerteilen. So oft wiederholen, bis das Wasser sich zu einem einzigen Ball formt, der in der Pfanne herumrollt. Dann hat die Pfanne die perfekte Temperatur. Nun das Öl hinzufügen und mit dem Kochen beginnen. Die Temperatur nach Bedarf anpassen.

VEGETARISCH

SPANAKOPITA

FÜR 6 PERSONEN

2 EL Olivenöl
1 große Zwiebel, fein gehackt
900 g Tiefkühlspinat, aufgetaut, gehackt
4 große Eier, leicht verquirlt
350 g Ricotta (Vollfett)
125 g Feta, zerkrümelt
7 Filoteigblätter
25 g Butter, geschmolzen
1 EL Sesamsamen

Den Ofen auf 190 Grad vorheizen. Eine große Gusseisenpfanne leer erhitzen, Öl hineingeben und die Zwiebel darin andünsten. Kurz abkühlen lassen. Die Flüssigkeit aus dem Spinat pressen, den Spinat in die Pfanne geben. Eier, Ricotta und Feta hinzufügen. Die Filoblätter einzeln mit Butter bestreichen, leicht zusammenfalten und über den Spinat legen. Mit Sesamsamen betreuen. Im Ofen 25-30 Minuten goldbraun backen.

SCHALOTTEN-BLAUSCHIMMELKÄSE-KUCHEN

FÜR 4 PERSONEN

1 EL Olivenöl und 1 EL Butter
350 g mittelgroße Schalotten, geschält, halbiert
Meersalz, frisch gemahlener Pfeffer
1 TL Thymianblättchen
250 g Mehl
2 TL Backpulver
100 g kalte Butter, gewürfelt
150 g Blauschimmelkäse, zerkrümelt
75 ml Vollmilch
2 große Eier

Den Ofen auf 200 Grad vorheizen. Eine kleine Gusseisenpfanne leer erhitzen, Öl und Butter aufschäumen lassen, die Hitze reduzieren, die Schalotten mit der Schnittfläche nach unten darin goldbraun braten. Wenden und dünsten, bis sie weich sind. Mit Salz, Pfeffer und Thymian würzen.
Mehl, Backpulver und ½ TL Salz mischen. Butter und 100 g Blauschimmelkäse hinzufügen. Milch und Eier verrühren. Die Mehl-Käse-Mischung dazugeben und zu einem Teig verarbeiten. Den restlichen Käse über den Schalotten zerkrümeln, den Teig daraufgeben und festdrücken. Im Ofen etwa 25 Minuten backen. 5 Minuten ruhen lassen, dann stürzen.

TARTE TATIN MIT ROTER BETE

FÜR 4 PERSONEN

10 g Butter
550 g kleine Rote Beten (Randen), geschält, halbiert
1 EL brauner Zucker
1 EL Apfelessig
300 g Blätterteig, ausgerollt
75 g Ziegenkäse mit Kräutern
1 Handvoll Minzeblätter
15 g ungesalzene Pistazien, geschält, gehackt

Den Ofen auf 200 Grad vorheizen. Eine kleine Gusseisenpfanne leer erhitzen. Die Butter hineingeben und die Rote Bete mit der Schnittfläche nach unten in die Pfanne legen. Nach 2 Minuten Zucker und Essig zugeben, kurz schwenken und 2 Minuten leicht karamellisieren. Mit Alufolie abgedeckt im Ofen 20 Minuten backen. Die Pfanne aus dem Ofen nehmen, die Temperatur auf 220 Grad erhöhen. Aus dem Blätterteig einen Kreis mit dem Durchmesser der Pfanne ausschneiden, auf die Rote Bete legen und leicht andrücken. 20 Minuten goldbraun backen. Die Tarte stürzen und mit Käse, Minze und Pistazien bestreuen.

GRÜNKOHL-KÄSE-PFANNE

FÜR 6–8 PERSONEN

1 rote Zwiebel, gewürfelt
2 EL Olivenöl
200 g Grünkohl, dicke Stiele entfernt, Blätter zerkleinert
8 große Eier
700 ml Vollmilch
1 EL Dijonsenf
Meersalz, frisch gemahlener Pfeffer
300 g Brot vom Vortag, gewürfelt
150 g würziger Käse (Greyerzer, Alpkäse), gerieben

Eine große Pfanne leer erhitzen. Die Zwiebel in 1 EL Öl zugedeckt 10 Minuten anbraten, dann offen goldbraun braten. Aus der Pfanne nehmen und diese auswischen. Den Kohl mit 1 EL Öl und 2 EL Wasser in die Pfanne geben und zugedeckt 3–4 Minuten weich garen. Aus der Pfanne nehmen und diese auswischen. Die Eier mit Milch, Senf, Zwiebel und je ½ TL Salz und Pfeffer verquirlen.
Schichtweise Brot, Kohl und die Hälfte des Käses in die Pfanne geben, dann wiederholen. Die Eimischung darübergeben und 8–24 Stunden kühl stellen. Den Ofen auf 180 Grad vorheizen. 45–50 Minuten backen, bis die Eimischung gestockt ist.

GEMÜSE & EIER

FÜR 2 PERSONEN

3 große Knoblauchzehen, fein geschnitten
3 EL Olivenöl
750 g Mangold, Stiele fein, Blätter grob gehackt
3 Sardellenfilets
Meersalz, frisch gemahlener schwarzer Pfeffer
1 Zitrone, Saft und abgeriebene Schale
25 g Parmesan, fein gerieben
4 große Eier

Den Ofen auf 150 Grad vorheizen. Eine große Gusseisenpfanne leer erhitzen. Den Knoblauch in 2 EL Öl 2 Minuten garen, aus der Pfanne nehmen. Mangoldstiele und Sardellenfilets in die Pfanne geben, salzen, pfeffern und zugedeckt weich garen. Das restliche Öl und die Mangoldblätter hinzufügen und unter Rühren zusammenfallen lassen. Die Flüssigkeit abgießen. Zitronensaft, -schale und Käse hinzufügen. Vier Mulden bilden und die Eier in die Mulden aufschlagen. Im Ofen 10–12 Minuten stocken lassen (nach 8 Minuten abdecken). Den Knoblauch darauf verteilen und würzen.

FRITTATA MIT PILZEN, LAUCH & RICOTTA

FÜR 4 PERSONEN

2 Stangen Lauch, in halbe Ringe geschnitten
800 g Waldpilze, geputzt, grob zerkleinert
3–4 EL Olivenöl
Meersalz, frisch gemahlener Pfeffer
10 große Eier
25 g Parmesan, gerieben
125 g frischer Ricotta

Den Ofengrill vorheizen. Eine große Pfanne leer erhitzen. Lauch und Pilze mit 3 EL Olivenöl und je ¼ TL Salz und Pfeffer in die Pfanne geben und 10–12 Minuten braten, bis das Gemüse weich ist; bei Bedarf etwas Öl hinzufügen. Die Eier mit dem Parmesan und je 1 Prise Salz und Pfeffer verquirlen. Unter Rühren in die Pfanne geben. 1 Minute erhitzen, anschließend mit dem Ricotta bestreuen. Die Eimasse unter dem Grill 1–3 Minuten stocken lassen.

All-Clad

SPINAT-ARTISCHOCKEN-PIZZA

FÜR 4 PERSONEN

2 Knoblauchzehen, fein gehackt
4 EL Olivenöl
150 g Jungspinat, dicke Stiele entfernt
200 g Ricotta (Vollfett)
35 g Parmesan, fein gerieben
100 g Artischockenherzen, grob gehackt
Meersalz, frisch gemahlener Pfeffer
70 g Mozzarella, geraspelt
450 g Pizzateig

Den Ofen auf 260 Grad vorheizen, einen Rost im unteren Drittel des Ofens platzieren. Eine große Gusseisenpfanne leer erhitzen. Den Knoblauch in 2 EL Öl 1 Minute anbraten. Den Spinat hinzufügen und weich garen, aus der Pfanne nehmen, trocken tupfen und grob hacken. Die Pfanne auswischen. Ricotta, Parmesan und Artischocken mischen und würzen. Den Spinat und 30 g Mozzarella hinzufügen. Den Pizzateig in die Pfanne drücken, mit der Ricottamischung belegen, mit dem restlichen Mozzarella bestreuen. Die Pizza im Ofen goldbraun backen.

SÜSSKARTOFFELTORTILLA

FÜR 6 PERSONEN

750 g große Süßkartoffeln, geschält, halbiert, in ½ cm dicke Scheiben geschnitten
130 ml Olivenöl
1 Zwiebel, in Scheiben geschnitten
10 große Eier, leicht verquirlt
Meersalz, frisch geriebener schwarzer Pfeffer
50 g Manchego-Käse, gerieben

In einer großen Gusseisenpfanne die Süßkartoffeln in 100 ml Olivenöl 25–30 Minuten weich, aber nicht braun braten. Aus der Pfanne nehmen. Die Zwiebel 10 Minuten weich dünsten.
Den Backofengrill auf höchster Stufe vorheizen. Die Eier mit ¾ TL Salz und ¼ TL Pfeffer verquirlen. Süßkartoffeln und Zwiebeln daruntermischen. Das Öl aus der Pfanne abgießen, die Pfanne auswischen. Das restliche Öl und die Eimischung in die Pfanne geben, 1 Minute rühren, dann 1 Minute braten, ohne zu rühren. Mit dem Käse bestreuen und 3–4 Minuten unter den Backofengrill stellen.

LODGE

BROTSALAT MIT KÜRBIS

FÜR 4 PERSONEN

200 g Brot vom Vortag, gewürfelt
4 EL Olivenöl
25 g Parmesan, fein gerieben
Meersalz, frisch gemahlener Pfeffer
500 g Kürbis (Butternuss), geschält, entkernt, 2 cm groß gewürfelt
1 rote Zwiebel, in Achtel geschnitten
200 g junge Grünkohlblätter
4 EL Tahini (Sesampaste)
4 EL Zitronensaft
40 g Granatapfelkerne

Den Ofen auf 220 Grad vorheizen. In einer großen Gusseisenpfanne das Brot mit 2 EL Olivenöl, Parmesan, Salz und Pfeffer mischen und 8–10 Minuten goldbraun backen, aus der Pfanne nehmen. Kürbis und Zwiebel mit dem restlichen Öl in der Pfanne vermischen, salzen und pfeffern und 20–25 Minuten goldbraun braten. Nach der Hälfte der Zeit wenden. Grünkohl und geröstete Brotwürfel untermischen. Tahini mit Zitronensaft und 4 EL Wasser verrühren, mit Salz und Pfeffer würzen und über den Kürbis geben. Mit den Granatapfelkernen bestreuen.

BLUMENKOHL-FRIED-RICE

FÜR 4 PERSONEN

750 g Blumenkohl, in Röschen zerteilt
2 EL Kokos- oder Pflanzenöl
1 rote Paprikaschote, klein geschnitten
2 Frühlingszwiebeln, fein geschnitten
20 g Ingwer, geschält, in Stifte geschnitten
3 EL Sojasauce, salzreduziert
2 TL Chili-Knoblauch-Paste
2 TL Honig
4 große Eier, leicht verquirlt
150 g Tiefkühlerbsen, aufgetaut

Die Blumenkohlröschen portionsweise im Blitzhacker reiskorngroß hacken. Eine große Gusseisenpfanne leer erhitzen. In 1 EL Öl Paprika, den weißen Teil der Frühlingszwiebeln und Ingwer anbraten. Den Blumenkohl hinzufügen, umrühren und 5 Minuten zugedeckt anbraten. Sojasauce, Chilipaste und Honig vermischen. Die Blumenkohlmischung an den Rand der Pfanne schieben, das restliche Öl und die Eier in die Pfanne geben und unter Rühren stocken lassen. Die Pfanne vom Herd nehmen, die Eier mit dem Blumenkohl vermischen, Sauce und Erbsen untermischen. Mit Frühlingszwiebelgrün bestreuen.

LODGE

KICHERERBSEN-PILAW

FÜR 4 PERSONEN

2 Zucchini, in halbe Scheiben geschnitten
Meersalz, frisch geriebener schwarzer Pfeffer
3 EL Olivenöl
1 rote Zwiebel, gehackt
300 g Basmatireis, abgespült
750 ml Gemüsebrühe
50 g Rosinen
400 g Kichererbsen (Dose), abgespült, abgetropft
4 EL Dill, fein gehackt
35 g Pinienkerne

Die Zucchini salzen und pfeffern. Eine große Pfanne leer stark erhitzen. Die Zucchini in 2 EL Öl darin weich braten, aus der Pfanne nehmen. Die Temperatur reduzieren. Die Zwiebel im restlichen Öl sehr weich braten. Den Reis hinzufügen und gut untermischen. Gemüsebrühe und Rosinen hinzufügen und zugedeckt 15–20 Minuten köcheln lassen, bis der Reis gar ist; dabei alle 5 Minuten umrühren. Kichererbsen und Dill unterrühren, anschließend mit Zucchini und Pinienkernen belegen.

HUEVOS RANCHEROS

FÜR 4 PERSONEN

1 große Knoblauchzehe, grob gehackt
5 EL Pflanzenöl
400 g schwarze Bohnen (Dose), abgespült
750 g frische Tomaten, klein geschnitten
Meersalz, frisch gemahlener Pfeffer
8 Maistortillas
4 große Eier
1 Bund Koriander
100 g Feta, zerkrümelt

Eine große Gusseisenpfanne leer stark erhitzen. Den Knoblauch in 1 EL Öl goldbraun braten. Die Bohnen untermischen und erwärmen. Die Tomaten untermischen, würzen, dann alles in eine Schüssel geben und warm stellen. Die Pfanne auswischen. Das restliche Öl erhitzen und die Tortillas auf jeder Seite 1–2 Minuten goldbraun braten. Zugedeckt warm stellen. Die Eier in die heiße Pfanne aufschlagen und zur gewünschten Konsistenz garen. Mit der Bohnen-Tomaten-Mischung, Koriander und Feta auf den Tortillas anrichten.

FRITTIERTE RICOTTA-BÄLLCHEN

FÜR 4 PERSONEN

450 g Ricotta
50 g Parmesan, fein gerieben
1 großes Ei
1 Bund Basilikum, gehackt, einige Blätter ganz
frisch gemahlener Pfeffer
130 g Mehl sowie Mehl zum Bestäuben
4 EL Kapern, abgespült, trocken getupft
3 Knoblauchzehen, fein gehackt
3 EL Olivenöl sowie Öl zum Servieren

Den Ricotta mit Parmesan, Ei, gehacktem Basilikum und ½ TL Pfeffer vermischen. 65 g gesiebtes Mehl untermischen. Die Masse auf eine bemehlte Arbeitsfläche geben, das restliche Mehl darübersieben und alles zu einem geschmeidigen Teig kneten. In vier Teile teilen und jeden zu einer etwa 2 cm dicken Rolle formen, diese in 3 cm große Stücke schneiden und auf Backpapier legen. Mindestens 4 Stunden tiefkühlen.
Eine große Gusseisenpfanne leer erhitzen. Kapern und Knoblauch in 1 EL Öl goldbraun braten, dann aus der Pfanne nehmen. In der Pfanne je 1 EL Öl erhitzen und je die Hälfte der gefrorenen Teigbällchen darin von beiden Seiten 2 Minuten goldbraun braten. Mit Kapernmischung und Basilikum garnieren, mit Öl beträufeln.

PARMESAN-RISOTTO

FÜR 4 PERSONEN

1 Zwiebel, fein gehackt
60 g Butter
300 g Risottoreis
150 ml trockener Weißwein
1,2 l heiße Gemüsebrühe
75 g Parmesan, gerieben
1 kleine Handvoll glatte Petersilie, gehackt
Meersalz, frisch gemahlener Pfeffer

Eine große Pfanne leer erhitzen. Die Zwiebel in 35 g Butter 10–12 Minuten weich dünsten. Reis und Wein hinzufügen, umrühren und zum Köcheln bringen. Die Hälfte der Gemüsebrühe zugießen und 5 Minuten köcheln lassen, dann die restliche Gemüsebrühe hinzufügen und 12 Minuten kochen lassen, bis der Reis gar ist. Vom Herd nehmen. Käse, restliche Butter und Petersilie unterheben, mit Salz und Pfeffer würzen.

COUSCOUSSALAT MIT GERÖSTETEN KAROTTEN

FÜR 4 PERSONEN

1 rote Zwiebel, in feine Streifen geschnitten
2 EL Olivenöl
Meersalz, frisch gemahlener Pfeffer
450 g bunte Karotten, in gleichmäßig dicke, 6 cm lange Stücke geschnitten
200 g Couscous
2 EL Zitronensaft
100 g Feta
1 Bund glatte Petersilie, grob gehackt
50 g geröstete Haselnüsse, grob gehackt
1 Avocado, geschält, entkernt, klein geschnitten

Den Ofen auf 190 Grad vorheizen. In einer großen Pfanne die Zwiebel mit 1 EL Öl vermischen, salzen, pfeffern und im Ofen 20 Minuten rösten. Die Karotten dazugeben und etwa 30 Minuten weich braten.
Den Couscous mit 350 ml kochendem Wasser übergießen und zugedeckt 10 Minuten ziehen lassen. Mit einer Gabel auflockern, würzen, Zitronensaft, restliches Öl, Feta, Petersilie und Karotten hinzufügen. Mit Haselnüssen und Avocado garnieren.

CHILAQUILES

FÜR 4 PERSONEN

500 g Tomatillos oder grüne Tomaten, gehäutet, geviertelt
1 große weiße Zwiebel, in 8 Stücke geschnitten
6 Knoblauchzehen
2 Jalapeño-Chilischoten
1 großes Bund Koriander, die Hälfte grob gehackt, restliche Blätter abgezupft
225 g Tortillachips
100 g würziger Käse, gerieben
4 Radieschen, fein geschnitten
1 Avocado, geschält, entkernt, klein geschnitten
2 EL Limettensaft

Den Ofen auf 220 Grad vorheizen. Eine große Pfanne leer stark erhitzen. Tomatillos, Zwiebel, Knoblauch und 1 Chilischote 10 Minuten darin anbraten, bis sie angekohlt und weich sind; die Pfanne dabei gelegentlich schwenken. Alles im Blitzhacker pürieren. Den gehackten Koriander hinzufügen, kurz untermixen. Die Tomatillomischung mit 125 ml Wasser wieder in die Pfanne geben und 5 Minuten köcheln lassen. Die Tortillachips hinzufügen und umrühren, sodass alle mit Sauce bedeckt sind. Mit Käse bestreuen und im Ofen 12–15 Minuten backen, bis die Sauce Blasen wirft. Die zweite Chilischote hacken und mit Korianderblättchen, Radieschen, Avocado und Limettensaft vermischen. Über die Chilaquiles verteilen.

FISCH UND MEERES-FRÜCHTE

KABELJAU MIT PATATAS BRAVAS

FÜR 4 PERSONEN

600 g Kartoffeln, geschält,
2 cm groß gewürfelt
1 rote Paprikaschote, entkernt,
klein gewürfelt
2 EL Olivenöl
1½ TL geräuchertes Paprikapulver
1 Zitrone, in Scheiben geschnitten
Meersalz, frisch gemahlener Pfeffer
500 g Kabeljau, ohne Haut,
in 4 Stücke geschnitten
75 g Mayonnaise
1 EL Zitronensaft
1 Knoblauchzehe, sehr fein gehackt

Den Ofen auf 230 Grad vorheizen, einen Rost im unteren Drittel einschieben. Eine große Gusseisenpfanne leer erhitzen. Kartoffeln und Paprika mit Olivenöl, 1 TL Paprikapulver und Zitronenscheiben mischen, salzen und pfeffern. 5 Minuten in der Pfanne braten, dann 20–25 Minuten im Ofen goldbraun rösten; nach der Hälfte der Zeit umrühren. Schwarze Zitronenscheiben entfernen. Den Fisch würzen, auf die Kartoffeln legen und 8–12 Minuten garen. Die Mayonnaise mit ½ TL Paprikapulver, Zitronensaft und Knoblauch verrühren. Den Fisch mit Zitronenscheiben, Kartoffeln und Mayonnaise servieren.

MEDITERRANE SHRIMPS

FÜR 4 PERSONEN

2 gelbe Paprikaschoten, entkernt, in Streifen geschnitten
3 EL Olivenöl
4 Knoblauchzehen, gehackt
4 Frühlingszwiebeln, weißen und grünen Teil getrennt, fein geschnitten
450 g Shrimps, geschält, Darmfaden entfernt
400 g weiße Bohnen (Dose), abgespült, abgetropft
2 EL Weißwein
1 EL Zitronensaft und 1 EL abgeriebene Schale
100 g Feta

Den Ofen auf 220 Grad vorheizen. Eine große Pfanne leer erhitzen. Die Paprika in 2 EL Öl weich garen. Knoblauch und den weißen Teil der Frühlingszwiebeln dazugeben und 1 Minute braten. Shrimps, Bohnen, Weißwein, Zitronensaft und -schale und 1 EL Olivenöl hinzufügen, würzen. Den Feta darüberkrümeln. Im Ofen 12–15 Minuten backen, bis die Shrimps gar sind. Mit Frühlingszwiebelgrün bestreuen.

FREGOLA-PAELLA MIT MEERESFRÜCHTEN

FÜR 4–6 PERSONEN

60 g Chorizo, gehäutet, klein gewürfelt
2 EL Olivenöl
450 g gemischte Meeresfrüchte, geschält (z. B. Shrimps, Tintenfischringe, Scallops)
Meersalz, frisch gemahlener Pfeffer
1 Zwiebel, fein gehackt
300 g Fregola (sardische Pastaspezialität)
125 ml trockener Weißwein
1 l Hühnerbrühe
1 große Prise Safranfäden
2 große Tomaten, gehäutet, in Stücke geschnitten
1 Handvoll glatte Petersilie, grob gehackt

Die Chorizo in einer großen Pfanne 5 Minuten knusprig braten. Auf Küchenpapier legen. 1 EL Olivenöl in die Pfanne geben, die Meeresfrüchte würzen und garen, bis sie nicht mehr glasig sind. Herausnehmen. Noch 1 EL Öl in die Pfanne geben und die Zwiebel 5 Minuten weich dünsten. Fregola und Weißwein hinzufügen, umrühren und köcheln, bis die Flüssigkeit aufgesaugt ist. Hühnerbrühe, Safran und Tomaten zugeben und zugedeckt 10 Minuten köcheln lassen.
Die Chorizo hinzufügen und weitere 10 Minuten kochen. Die gegarten Meeresfrüchte dazugeben. Mit Petersilie bestreuen.

LACHS MIT TOMATEN UND GRÜNEN BOHNEN

FÜR 2 PERSONEN

185 g grüne Bohnen, geputzt
150 g Datteltomaten
50 g Kalamata-Oliven, entsteint
4 Sardellenfilets
1 EL Olivenöl
Meersalz, frisch gemahlener Pfeffer
2 x 175 g Lachs, ohne Haut, aus dem Mittelstück

Den Ofen auf 220 Grad vorheizen. Eine große Pfanne leer erhitzen, die Bohnen und 50 ml Wasser hineingeben und zugedeckt 3 Minuten kochen, dabei gelegentlich schütteln. Abgießen, die Bohnen in eine Schüssel geben und mit Tomaten, Oliven, Sardellen und Olivenöl vermischen, salzen und pfeffern. Wieder in die Pfanne geben und im Ofen 8 Minuten garen. Den Lachs würzen, zwischen das Gemüse legen und 10–12 Minuten mitgaren.

All-Clad

MIESMUSCHELN IN KOKOSMILCH

FÜR 2 PERSONEN

1 EL Kokosöl, geschmolzen
20 g Ingwer, geschält, in Streifen geschnitten
4 Frühlingszwiebeln, in Streifen geschnitten
2 große Knoblauchzehen, gehackt
1 rote Chili, entkernt, in Ringe geschnitten
400 ml Kokosmilch
1 Limette, abgeriebene Schale und Saft (2 EL)
900 g Miesmuscheln, küchenfertig

Eine große Pfanne leer erhitzen. Kokosöl, Ingwer, den weißen Teil der Frühlingszwiebeln, Knoblauch und die Hälfte des Chilis unter Rühren 3 Minuten dünsten. Kokosmilch und Limettenschale dazugeben, aufkochen, dann die Muscheln hinzufügen. Zum Köcheln bringen und zugedeckt 4–5 Minuten kochen, bis sich die Muscheln öffnen. Ungeöffnete Muscheln wegwerfen. Limettensaft, die restlichen Frühlingszwiebeln und die restliche Chilischote beigeben.

LODGE

SCALLOPS & CHORIZO

FÜR 2 PERSONEN

75 g Chorizo, in Scheiben geschnitten
250 g kleine Scallops
75 g Maiskörner
1 EL Limettensaft
1 EL Koriander, gehackt
Limettenstücke und Brot, zum Servieren

Die Chorizoscheiben in einer großen Pfanne knusprig braten. Aus der Pfanne nehmen. Die Scallops im Chorizofett auf jeder Seite 1 Minute braten. Die Chorizo wieder in die Pfanne geben, Mais und Limettensaft hinzufügen und sprudelnd kochen lassen. Vom Herd nehmen. Mit Koriander bestreuen. Mit Brot und Limettenstücken servieren.

ÜBERBACKENE SHRIMPS

FÜR 4 PERSONEN

180 g Baguette, 2 cm groß gewürfelt
4 EL Olivenöl
Meersalz, frisch gemahlener Pfeffer
2 Knoblauchzehen, fein gehackt
450 g Tomaten, falls nötig klein geschnitten
1 EL Oreganoblättchen
450 g große Shrimps, geschält, Darmfaden entfernt
100 g Mozzarella, grob zerkleinert
50 g Parmesan, gerieben

Den Ofen auf 220 Grad vorheizen. Eine große Pfanne erhitzen. Die Brotwürfel und 2 EL Öl hineingeben, wenden, würzen und im Ofen 8–10 Minuten goldbraun und knusprig rösten. Auf eine Platte legen. Nochmals 2 EL Olivenöl und den Knoblauch in die Pfanne geben und unter Rühren 1 Minute braten. Die Tomaten hinzufügen, würzen und 3 Minuten garen. Den Oregano unterrühren. Shrimps und Brotwürfel dazugeben. Mozzarella und Parmesan darüber verteilen und 14–16 Minuten überbacken.

All-Clad

EINFACHER FISCHAUFLAUF

FÜR 6 PERSONEN

300 g Champignons, in Scheiben geschnitten
3 EL Olivenöl
200 g Crème fraîche
2 EL Dill, fein geschnitten
1 TL abgeriebene Zitronenschale
50 g grobes Paniermehl (Panko)
50 g Parmesan, gerieben
700 g Fisch, ohne Haut und Gräten (z. B. Lachs, Kabeljau)
Meersalz, frisch gemahlener Pfeffer

Den Ofen auf 220 Grad vorheizen. Eine große Pfanne leer stark erhitzen. Die Champignons in 2 EL Öl 6–8 Minuten braten, bis die Flüssigkeit verdampft ist. Vom Herd nehmen. Crème fraîche, Dill und Zitronenschale vermischen. In einer zweiten Schale das Paniermehl mit dem restlichen Öl und dem Parmesan vermischen. Den Fisch würzen, in einer Lage auf die Champignons legen, mit der Crème-fraîche-Mischung bedecken und mit dem Paniermehl-Topping bestreuen. Im Ofen 15–20 Minuten backen.

LACHS-BURGER

FÜR 4 PERSONEN

1 Schalotte, fein gehackt
2 EL Rotweinessig
450 g Lachs, ohne Haut und Gräten, grob gewürfelt
1 Frühlingszwiebel, fein gehackt
Meersalz, frisch gemahlener Pfeffer
1 EL Olivenöl
3 EL Mayonnaise
2 TL Sriracha (scharfe Chilisauce)
4 Burger Buns, leicht getoastet
1 kleine Avocado, geschält, entkernt, fein geschnitten

Die Schalotte im Essig mindestens 10 Minuten ziehen lassen, ab und zu umrühren. Lachs, Frühlingswiebel und je ¼ TL Salz und Pfeffer im Blitzhacker zerkleinern, aber nicht pürieren. Zu 4 Burgern formen. Eine große Pfanne mittel bis stark erhitzen. Die Burger im Öl auf jeder Seite 3–4 Minuten braten. Mayonnaise und Sriracha vermischen, auf die Burgerbrötchen streichen, je 1 Burger darauflegen, mit Avocado und Schalotten garnieren.

GRÜNES CURRY MIT NUDELN

FÜR 4 PERSONEN

200 g Reisnudeln
3 EL grüne Currypaste
1 EL Pflanzen- oder Kokosöl
400 ml Kokosmilch
1 EL Fischsauce
1 EL Limettensaft
2 TL abgeriebene Limettenschale
500 g Fischfilet (z. B. Kabeljau, Lachs), in 3 cm große Stücke geschnitten
100 g Edamame, enthülst
1 Handvoll Korianderblättchen

Die Nudeln nach Packungsangabe zubereiten. Eine große Pfanne mittel bis stark erhitzen. Die Currypaste im Öl unter Rühren 1 Minute anbraten. Kokosmilch, 300 ml Wasser, Fischsauce, Limettensaft und -schale dazugeben und köcheln lassen. Fisch und Bohnen hinzufügen und 5 Minuten garen, bis der Fisch nicht mehr glasig ist. Die Nudeln in Schalen geben, das Fischcurry darauf verteilen und mit Koriander bestreuen.

FLEISCH & HUHN

POT PIE MIT HUHN & CHAMPIGNONS

FÜR 4 PERSONEN

200 g braune Champignons, in Scheiben geschnitten
2 Stangen Lauch
2 EL Olivenöl
1 gehäufter EL Mehl
125 ml Weißwein
1 gebratenes Hähnchen, ohne Haut und Knochen, Fleisch in kleine Stücke zerteilt (ca. 700 g Fleisch)
350 ml Hühnerbrühe
50 ml Doppelrahm (Crème double)
225 g Kuchen- oder Mürbeteig, rund ausgerollt
Meersalz, frisch gemahlener Pfeffer

Den Ofen auf 200 Grad vorheizen. Eine große Pfanne leer erhitzen. Champignons und Lauch im Öl weich dünsten. Mit Mehl bestäuben und umrühren. Den Weißwein zugießen und fast vollständig einkochen. Hühnerfleisch, Hühnerbrühe und Doppelrahm unterrühren, salzen und pfeffern. 1 Minute köcheln lassen, dann vom Herd nehmen. Mit dem Teig bedecken, einige Schlitze schneiden. Im Ofen 20–25 Minuten goldgelb backen.

HUHN & SPARGEL

FÜR 4 PERSONEN

8 Hühneroberschenkel
Meersalz, frisch gemahlener Pfeffer
2 TL Olivenöl
3 kleine Schalotten, grob gehackt
2 Knoblauchzehen, grob gehackt
125 ml Weißwein
125 ml Hühnerbrühe
500 g dünne Spargel, holzige Enden entfernt
50 ml Doppelrahm (Crème double)
1 EL Estragon, gehackt

Das Hühnerfleisch würzen. Eine große Pfanne mittel bis stark erhitzen. Das Öl in die Pfanne geben und das Fleisch mit der Hautseite nach unten 7–10 Minuten goldbraun und knusprig braten. Wenden und weitere 3 Minuten braten. Aus der Pfanne nehmen. Das Fett bis auf 1 EL entfernen. Schalotten und Knoblauch darin 3 Minuten braten. Den Weißwein hinzufügen, gut umrühren und auf die Hälfte einkochen. Die Hühnerbrühe zugießen, aufkochen, das Hühnerfleisch und die Spargel hinzufügen und 2 Minuten erhitzen. Doppelrahm und Estragon unterrühren und köcheln lassen, bis die Spargel weich sind.

All-Clad

PUTENBRUST IM SPECKMANTEL MIT ROSENKOHL

FÜR 4 PERSONEN

2 Knoblauchzehen, sehr fein gehackt
1 große Zitrone, abgeriebene Schale
1 EL Thymianblättchen, grob gehackt
Meersalz, frisch gemahlener Pfeffer
3 EL Olivenöl
2 Putenbrüste, ohne Haut und Knochen
6 dünne Scheiben geräucherter Speck
500 g Rosenkohl, geputzt, halbiert
1 EL Mehl
200 ml Hühnerbrühe

Den Ofen auf 200 Grad vorheizen. Knoblauch, Zitronenschale, Thymian und je ½ TL Salz und Pfeffer mit 2 EL Olivenöl vermischen. Das Putenfleisch damit bestreichen. Die Putenbrüste, ein dünnes Ende auf einem dicken Ende, aufeinanderlegen, mit Speck umwickeln und mit Küchengarn binden. Eine große Gusseisenpfanne leer erhitzen, die Putenrolle von allen Seiten 2 Minuten anbraten, dann im Ofen 20 Minuten braten. Den Rosenkohl in die Pfanne geben, umrühren, würzen und im Ofen weitere 25 Minuten oder falls nötig länger weich garen; die Putenbrust sollte eine Kerntemperatur von 75 Grad haben. 10 Minuten ruhen lassen, dann aufschneiden. In der Pfanne das restliche Olivenöl erhitzen, mit Mehl bestäuben und umrühren. Nach und nach die Hühnerbrühe unterrühren und zu Saucendicke einköcheln lassen. Zum Putenbraten servieren.

PICCATA MIT HUHN

FÜR 4 PERSONEN

4 Hühnerbrüste, schmetterlingsförmig aufgeschnitten, gleichmäßig dünn geklopft
Meersalz, frisch gemahlener Pfeffer
50 g Mehl zum Bestäuben
4 EL Olivenöl
1 Zitrone, in Scheiben geschnitten
30 g Butter, gewürfelt
80 ml Zitronensaft
100 ml Hühnerbrühe
3 EL Kapern, abgespült, abgetropft
100 g frische Dicke Bohnen oder Edamame, enthülst

Das Fleisch würzen und im Mehl wenden. Eine große Edelstahlpfanne mittel bis stark erhitzen. Im heißen Öl in zwei Portionen das Fleisch pro Seite 2–3 Minuten, die Zitronenscheiben 1 Minute anbraten. Herausnehmen und warm halten. 10 g Butter in die Pfanne geben, Zitronensaft, Hühnerbrühe und Kapern beifügen. Das Fleisch wieder in die Pfanne geben und alles 5 Minuten köcheln lassen. Das Fleisch auf eine Platte legen. Die restliche Butter in die Sauce rühren. Die Bohnen hinzufügen und erhitzen. Alles über das Fleisch verteilen und servieren.

BRATHUHN MIT FENCHEL & ZWIEBEL

FÜR 4 PERSONEN

1 Brathuhn (1,5 kg)
2 mittelgroße Fenchelknollen, halbiert, in Spalten geschnitten
1 große rote Zwiebel, halbiert, in dicke Spalten geschnitten
2 EL Olivenöl, zusätzlich Öl zum Bestreichen
Meersalz, frisch gemahlener Pfeffer
1 Zitrone, quer durchgeschnitten

Das Huhn Raumtemperatur annehmen lassen. Den Ofen auf 200 Grad vorheizen. Fenchel und Zwiebel mit Olivenöl vermischen, würzen und in einer großen Pfanne im Ofen 15 Minuten rösten. Umrühren, die Zitrone mit der Schnittfläche nach unten dazugeben. Das Huhn darauflegen, mit Öl bestreichen und würzen. 1 Stunde im Ofen braten, bis der austretende Saft ganz klar ist. Den Saft der Zitronen über dem Gericht ausdrücken.

BRATWURST-CASSOULET

FÜR 4 PERSONEN

8 Bratwürste
1 EL Olivenöl
450 g Kürbis, geschält, klein gewürfelt
4 Zweige Oregano
2 Knoblauchzehen, gehackt
150 g Palm- oder Grünkohl, grobe Stängel entfernt, Blätter grob gehackt
400 g Cannellini- oder weiße Bohnen (Dose), abgespült, abgetropft
Meersalz, frisch gemahlener Pfeffer
5 kleine Rispentomaten, halbiert

Den Ofen auf 200 Grad vorheizen. Eine große Pfanne mittel bis stark erhitzen. Die Würste im Öl auf allen Seiten anbraten. Aus der Pfanne nehmen. Kürbiswürfel und Oregano 5 Minuten anbräunen. Den Knoblauch hinzufügen und 1 Minute unterrühren. Den Palm- oder Grünkohl hinzufügen und garen, bis die Blätter zusammenfallen. Die Bohnen und 200 ml Wasser hinzufügen, würzen und zum Köcheln bringen. Die Tomaten und die Würste hineinlegen. Im Ofen 25–30 Minuten garen, bis die Würste durchgegart sind und der Kürbis weich ist.

All-Clad

KOKOS-HÜHNERCURRY

FÜR 4 PERSONEN

4 kleine Hühnerbrüste, mundgerecht geschnitten
Meersalz, frisch gemahlener Pfeffer
1 kleine Zwiebel, gehackt
1 EL Pflanzen- oder Kokosöl
2 EL Currypulver
3 Knoblauchzehen, fein gehackt
400 ml Kokosmilch
250 ml Hühnerbrühe
600 g Basmatireis, gekocht
1 kleines Bund Koriander, Blätter abgezupft

Das Fleisch würzen. Eine große Pfanne erhitzen. Fleisch und Zwiebel im heißen Öl 8–10 Minuten goldbraun braten. Currypulver und Knoblauch hinzufügen und 1 Minute mitbraten. Kokosmilch und Hühnerbrühe hinzufügen, aufkochen und zugedeckt 5 Minuten köcheln lassen, bis das Fleisch durchgegart ist. Den Reis unterrühren und erhitzen. Mit Koriander bestreuen.

All-Clad

GEBRATENES HUHN À LA COQ AU VIN

FÜR 4 PERSONEN

100 g geräucherter Speck, grob gewürfelt
4 große Schalotten, geschält, in Stücke geschnitten
8 kleine Hühneroberschenkel, sauber pariert
Meersalz, frisch gemahlener Pfeffer
4 EL Tomatenpüree
250 ml Rotwein
450 g kleine neue Kartoffeln
300 g braune Champignons, geviertelt
1 EL Rosmarin und Thymian, gehackt
Thymianblättchen zum Servieren

Den Ofen auf 220 Grad vorheizen. Den Speck in einer großen Edelstahlpfanne 8–10 Minuten knusprig braten. Herausnehmen, das Fett in der Pfanne lassen. Die Schalotten darin goldbraun braten, eventuell noch Öl hinzufügen. Aus der Pfanne nehmen. Das Fleisch würzen und mit der Hautseite nach unten goldbraun anbraten, wenden und weitere 2 Minuten braten. Aus der Pfanne nehmen und warm stellen. Das Tomatenpüree hinzufügen, 1 Minute unter Rühren braten. Den Rotwein langsam unterrühren. Zum Köcheln bringen, Kartoffeln, Schalotten, Speck, Champignons und Kräuter hinzufügen, gut umrühren und wieder zum Köcheln bringen. Das Fleisch darauflegen und im Ofen 30 Minuten braten, bis es durchgegart ist. Mit Thymian bestreuen.

SCHNELLES BIRYANI

FÜR 4 PERSONEN

3 EL Butter
1 Zwiebel, fein gehackt
450 g mageres Hackfleisch (Lamm oder Rind)
2 gehäufte EL indische Currypaste
200 g Basmatireis, gut abgespült
500 ml Hühnerbrühe
1 große Karotte, grob gerieben
½ Bund Koriander, gehackt
Korianderblätter und Limettenschnitze zum Garnieren

Eine große Pfanne leer erhitzen. Butter hinzufügen und die Zwiebel 10–12 Minuten goldbraun dünsten. Das Fleisch hinzufügen und 4–5 Minuten anbräunen. Überschüssiges Fett abgießen. Die Currypaste hinzufügen und unter Rühren 1 Minute erhitzen. Dann Reis und Hühnerbrühe dazugeben. Zugedeckt köcheln lassen, bis der Reis gar ist. Karotte und Koriander unterrühren. Mit Korianderblättern und Limettenschnitzen garnieren.

KARTOFFEL-CHORIZO-PFANNE MIT EI

FÜR 4 PERSONEN

175 g Chorizo, gehäutet, in Scheiben geschnitten
2 EL Olivenöl
1 rote Zwiebel, gehackt
3 Kartoffeln, geschält, gewürfelt
4 große Eier
50 g würziger Käse, gerieben

Den Ofen auf 190 Grad vorheizen. Eine große Gusseisenfanne leer erhitzen. Die Chorizo 5 Minuten knusprig braten, herausnehmen. Olivenöl, Zwiebel und Kartoffeln in die Pfanne geben und zugedeckt 10–15 Minuten braten, bis die Kartoffeln weich sind. Die Chorizo wieder dazugeben, die Eier direkt in die Pfanne aufschlagen, mit Käse bestreuen und im Ofen 10–14 Minuten stocken lassen.

WURST-TEIG-PFANNE

FÜR 6 PERSONEN

6 große Bratwürste
1 EL Öl
200 g Mehl
Meersalz, frisch gemahlener Pfeffer
3 große Eier (Raumtemperatur)
400 ml Vollmilch (Raumtemperatur)
30 g Butter, geschmolzen
1 EL körniger Senf

Den Ofen auf 220 Grad vorheizen. Die Würste rundherum einstechen, in einer großen Gusseisenpfanne im Öl 15 Minuten braten. Das Mehl mit je ¼ TL Salz und Pfeffer mischen. Eine Mulde in die Mitte drücken, die Eier hinzufügen und unter ständigem Rühren die Milch hinzufügen. Butter und Senf unterrühren. Den Teig rund um die Würstchen gießen und im Ofen 30–35 Minuten backen, bis der Teig aufgegangen und goldbraun ist.

LODGE

RIND & BROKKOLI, PFANNENGERÜHRT

FÜR 4 PERSONEN

75 ml Sojasauce, salzreduziert
1½ EL brauner Zucker
20 g Ingwer, geschält, fein gerieben
2 Knoblauchzehen, fein gerieben
1 rote Chilischote, fein geschnitten
300 g Rindersteak, in Streifen geschnitten
1 TL Maisstärke, mit 2 EL Wasser verrührt
2 EL Pflanzen- oder Kokosöl
1 Brokkoli, in Röschen geschnitten

Sojasauce, Zucker, Ingwer, Knoblauch und Chili mischen. Die Hälfte davon in eine Schüssel geben, das Fleisch darin wenden und 20 Minuten oder bis zu einem Tag marinieren. Die angerührte Maisstärke unter die restliche Sojasaucenmischung rühren. In einer großen Pfanne 1 EL Öl erhitzen, das Fleisch darin 3 Minuten gar braten, auf einen Teller geben. Nochmals 1 EL Öl in die Pfanne geben und den Brokkoli 4 Minuten anbraten. Das Fleisch wieder in die Pfanne geben, die Sauce hinzufügen, nach und nach untermischen und alles noch 2 Minuten köcheln lassen. Eventuell wenig Wasser hinzufügen.

SCHWEINEFILET MIT BIRNEN & SCHALOTTEN

FÜR 4–6 PERSONEN

900 g Schweinelende, mit dünner Fettschicht
Meersalz, frisch gemahlener Pfeffer
1 EL Rosmarin, fein gehackt
2 Knoblauchzehen
1 TL Koriandersamen
3 TL Olivenöl
4 kleine Birnen, geviertelt, entkernt
4 kleine Schalotten, halbiert
125 ml Balsamicoessig

Den Ofen auf 200 Grad vorheizen. Das Fleisch würzen. Rosmarin, Knoblauch und Koriander mit 2 TL Olivenöl zu einer Paste pürieren. Das Fleisch damit bestreichen. Birnen und Schalotten mit 1 TL Öl bestreichen und in einer großen Pfanne 4 Minuten anbräunen. Herausnehmen. Die Temperatur erhöhen und das Fleisch auf jeder Seite 4–5 Minuten anbraten. Vom Herd nehmen, den Balsamico und die Schalotten hinzufügen und 20 Minuten im Ofen garen. Die Temperatur auf 160 Grad reduzieren. Die Birnen dazugeben und weitere 20 Minuten garen. Das Fleisch soll eine Kerntemperatur von 70 Grad haben. 10 Minuten ruhen lassen, dann aufschneiden.

WÜRZIGE RINDERPFANNE

FÜR 4–6 PERSONEN

1 kg mageres Rindfleisch (Schulter, in Würfel geschnitten)
2 EL Olivenöl
Meersalz, frisch gemahlener Pfeffer
1 Zwiebel, in Streifen geschnitten
3 Karotten, in 10 cm lange Stifte geschnitten
2 EL Tomatenpüree
1 kleine Zimtstange
125 ml trockener Rotwein
400 g Tomaten, gehackt (Dose)
1 kg Kartoffeln, geschält, in dünne Scheiben geschnitten
2 EL Butter, geschmolzen

Den Ofen auf 160 Grad vorheizen. 1 EL Olivenöl in einer großen Pfanne (30 cm) erhitzen. Das Fleisch würzen und in zwei Portionen rund herum anbraten. Aus der Pfanne nehmen, die Temperatur reduzieren, das restliche Öl, Zwiebel und Karotten hinzufügen und leicht anbräunen. Das Fleisch wieder in die Pfanne geben, das Tomatenpüree hinzufügen und 1 Minute unter Rühren erhitzen. Zimt und Rotwein beigeben und unter Rühren köcheln lassen. Die Tomaten unterrühren, dann vom Herd nehmen. Die Kartoffelscheiben kreisförmig leicht überlappend in der Pfanne anordnen, mit der Hälfte der Butter bestreichen, salzen und pfeffern. Zugedeckt im Ofen $1\frac{1}{2}$–$1\frac{3}{4}$ Stunden backen. Die Kartoffeln mit der restlichen Butter bestreichen und unter dem Backofengrill goldbraun bräunen.

All-Clad

CARNITAS MIT CHILIS

FÜR 4 PERSONEN

1½ kg Schweineschulter mit einer dünnen Fettschicht
Meersalz, frisch gemahlener Pfeffer
2 große Knoblauchzehen, grob gehackt
4 Poblano-Chilis (mild), entkernt, grob geschnitten
2 Jalepeño-Chilis (scharf), entkernt,
in Streifen geschnitten
2 Schalotten, in dünne Streifen geschnitten
3 EL Limettensaft
Öl, zum Beträufeln
Mais-Tortillas und Chilisauce zum Servieren

Den Ofen auf 120 Grad vorheizen. Die Fettschicht des Fleisches leicht einritzen. Den Knoblauch mit ½ TL Salz zu einer Paste zerdrücken. Das Fleisch damit einreiben und pfeffern. Mit der Fettschicht nach oben in eine große Gusseisenpfanne legen und im Ofen 6–7 Stunden weich garen. Die Chilis mit Öl beträufeln, in Alufolie wickeln und während der letzten 2 Stunden im Ofen mitgaren. Fleisch und Chilis aus dem Ofen nehmen. Die Fettschicht abschneiden und beiseitelegen, das Fleisch zerzupfen. Die Chilis klein schneiden und unter das Fleisch mischen. Die Ofentemperatur auf 220 Grad stellen. Die Pfanne auswischen und die Fettschicht darin knusprig braten. In Stücke brechen. Die Schalotten 10 Minuten bis 1 Tag im Limettensaft marinieren, gelegentlich umrühren. Mit Schweinefleisch, Knusperkruste, Tortillas und Chilisauce servieren.

LODGE

SCHWEINESTEAKS IN GRÜNKOHL-SENFSAUCE

FÜR 4 PERSONEN

4 Schweinerückensteaks, 2 cm dick, ohne Fettrand
Meersalz, frisch gemahlener Pfeffer
1 EL Butter
1 EL Olivenöl
125 ml trockener Cidre
1 EL körniger Senf
50 ml Doppelrahm (Crème double)
1 Bund Grünkohl, harte Stängel entfernt, Blätter grob gehackt

Das Fleisch würzen. Eine große Pfanne leer erhitzen. Butter und Öl darin aufschäumen lassen, die Steaks auf jeder Seite 5–7 Minuten goldbraun und gar braten. Herausnehmen und warm halten. Den Cidre in die Pfanne geben, aufköcheln und den Bratensatz lösen. Die Temperatur reduzieren. Senf und Doppelrahm einrühren, 1 Minute köcheln lassen, würzen. Die Kohlblätter unterheben. Zu den Steaks servieren.

All-Clad

GEFÜLLTE SALATBLÄTTER MIT THAI-HACKFLEISCH

FÜR 2 PERSONEN

450 g Schweinehackfleisch
2 EL Fischsauce
½ EL Pflanzenöl
3 Knoblauchzehen, fein gehackt
20 g Ingwer, geschält, fein gerieben
1 rote Chilischote, in feine Streifen geschnitten
4 EL Limettensaft und 1 TL abgeriebene Schale
je 1 Handvoll Minze- und Korianderblätter
25 g ungesalzene, geröstete Erdnüsse, grob gehackt
2 Little-Gem-Salate, in einzelne Blätter zerteilt
Limettenschnitze zum Servieren

Das Fleisch mit der Fischsauce mischen und 20 Minuten marinieren. Eine große Pfanne mittel bis stark erhitzen. Das Hackfleisch im heißen Öl 10 Minuten knusprig braten. Knoblauch, Ingwer und die Hälfte der Chili hinzufügen und 1 Minute rühren. Vom Herd nehmen, Limettensaft und -schale, Kräuter, die restliche Chili und die Erdnüsse hinzufügen. In Salatblätter füllen und mit Limettenschnitzen servieren.

HACKBÄLLCHEN

FÜR 4 PERSONEN

450 g mageres Rinderhackfleisch
1 großes Ei, verquirlt
30 g Semmelbrösel
je 2 EL Dill, Minze und Petersilie, gehackt, plus Kräuter zum Servieren
1 TL abgeriebene Zitronenschale
6 große Knoblauchzehen, 4 in dünne Scheiben geschnitten
Meersalz, frisch gemahlener Pfeffer
3 EL Olivenöl
2 EL Zitronensaft
450 ml Hühnerbrühe
200 g Edamame, enthülst
100 g Jungspinat

Das Fleisch mit Ei, Semmelbröseln, Kräutern, Zitronenschale, 2 gepressten Knoblauchzehen, $\frac{1}{2}$ TL Salz und $\frac{1}{4}$ TL Pfeffer gut vermischen. Zu Bällchen formen. 1 EL Öl in einer großen Gusseisenpfanne mittel bis stark erhitzen und die Hackbällchen rund herum anbräunen. Herausnehmen und die Temperatur reduzieren. In den restlichen 2 EL Öl die Knoblauchscheiben anbräunen. Zitronensaft und Hühnerbrühe hinzufügen und aufkochen. Die Fleischbällchen wieder in die Pfanne geben und zugedeckt 25 Minuten köcheln lassen. Die Edamame hinzufügen und köcheln lassen. Den Spinat unterheben und zusammenfallen lassen.

RINDERRIPPCHEN IN BIER GESCHMORT

FÜR 4 PERSONEN

4 Rinderrippchen ohne Knochen (ca. 900 g)
Meersalz, frisch gemahlener Pfeffer
2 EL Olivenöl
1 große Zwiebel, grob gehackt
3 Karotten, in 1 cm große Stücke geschnitten
3 EL Tomatenpüree
1 EL Rosmarin, gehackt
350 ml dunkles Bier
250 ml Rinderbrühe

Den Ofen auf 140 Grad vorheizen. Das Fleisch würzen. Eine große Pfanne leer erhitzen. Die Rippchen in 1 EL Öl auf jeder Seite 4 Minuten anbraten. Herausnehmen, das Öl wegschütten. Die Pfanne leer erhitzen. Das restliche Öl hinzufügen, Zwiebel und Karotten 5 Minuten andünsten. Das Tomatenpüree 1 Minute mitdünsten. Rosmarin, Bier, Rinderbrühe, 150 ml Wasser und das Fleisch hinzufügen und zugedeckt 2½–3 Stunden weich schmoren, dabei einmal wenden.

GESCHMORTE LAMMKEULE

FÜR 4–6 PERSONEN

1,5–1,8 kg halb entbeinte Lammkeule
1 EL Rosmarin, fein gehackt
4 Sardellenfilets
2 TL abgeriebene Zitronenschale
4 Knoblauchzehen, grob gehackt
Meersalz, frisch gemahlener Pfeffer
500 g Kirsch- oder Datteltomaten
125 g Rucola
Baguette zum Servieren

Den Ofen auf 150 Grad vorheizen. Rosmarin, Sardellen, Zitronenschale und Knoblauch zu einer groben Paste verarbeiten. Das Fleisch würzen und mit der Paste bestreichen. Aufrollen, Fettseite nach oben zusammenbinden und in eine große Gusseisenpfanne legen. Im Ofen 5½ Stunden weich schmoren. Während der letzten 1½ Stunden die Tomaten hinzufügen und im Fond wenden. Das Fleisch vom Knochen lösen und klein zupfen. Rucola untermischen. Mit Baguette servieren.

LODGE

STEAK MIT FAJITAS

FÜR 4 PERSONEN

400 g Kronfleisch, in 3 Stücke geschnitten
3 EL Pflanzenöl
Meersalz, frisch gemahlener Pfeffer
1 rote Zwiebel, in Scheiben geschnitten
2 Paprikaschoten, entkernt, in Streifen geschnitten
2 Knoblauchzehen, in Scheiben geschnitten
1½ TL gemahlener Kreuzkümmel
200 g Guacamole (fertig gekauft)
Crème fraîche (saure Sahne) zum Servieren
4 mittelgroße Tortillas

Eine große Pfanne stark erhitzen. Das Fleisch mit 1 EL Öl einreiben, würzen und auf jeder Seite 3 Minuten anbraten. Herausnehmen, die Temperatur reduzieren. In den restlichen 2 EL Öl Zwiebel und Paprika 10 Minuten weich dünsten, von Zeit zu Zeit umrühren. Knoblauch, Kreuzkümmel, Salz und Pfeffer hinzufügen und 1 Minute erhitzen. Das Fleisch in Scheiben schneiden und mit Gemüse, Guacamole, Crème fraîche und Tortillas servieren.

LAMM-TAJINE

FÜR 4 PERSONEN

900 g Lammfleisch zum Schmoren, ohne Fett, in 4 cm große Stücke geschnitten
1 EL Ras el-hanout
Meersalz, frisch gemahlener Pfeffer
3 EL Olivenöl
1 große rote Zwiebel, gehackt
1 EL Tomatenpüree
800 g Dosentomaten, zerdrückt
400 g Kichererbsen (Dose), abgespült, abgetropft
125 g getrocknete Aprikosen
1 Zimtstange

Das Fleisch mit Ras el-hanout, Salz und Pfeffer würzen. Eine große Edelstahlpfanne leer erhitzen. Das Fleisch in 2 EL Öl rund herum anbraten. Herausnehmen, die Temperatur reduzieren und im restlichen Öl die Zwiebel zugedeckt 10 Minuten dünsten. Das Tomatenpüree 1 Minute mitdünsten. Dann Tomaten, 250 ml Wasser, Kichererbsen, Aprikosen und Zimtstange dazugeben. Das Fleisch wieder dazugeben und zugedeckt 1½ Stunden leicht köcheln lassen, bis es zart ist. Die Sauce offen noch 10 Minuten eindicken lassen.

All-Clad

ÜBERBACKENER BLUMENKOHL

FÜR 4 PERSONEN

4 Scheiben durchwachsener Speck
2 EL Butter
2½ EL Mehl
650 ml Vollmilch, warm
1 kleiner Blumenkohl,
in kleine Röschen zerteilt
200 g würziger Käse (z. B. Greyerzer),
gerieben
100 g Jungspinat
50 g Parmesan, fein gerieben

Den Ofen auf 180 Grad vorheizen. Den Speck in einer großen Pfanne 8–10 Minuten knusprig braten. Auf Küchenpapier abkühlen lassen, dann grob zerkleinern. Die Pfanne auswischen. Die Butter darin aufschäumen lassen, mit Mehl bestäuben und 1 Minute rühren. Nach und nach die Milch zugeben und unter ständigem Rühren aufkochen. Den Blumenkohl hinzufügen und zugedeckt im Ofen 30–35 Minuten weich garen; gelegentlich umrühren. Käse, Spinat und Speck unterheben, mit Parmesan bestreuen und unter dem Backofengrill goldbraun überbacken.

PASTA

PFANNEN-LASAGNE

FÜR 4 PERSONEN

225 g gutes Wurstbrät
1 kleine Zwiebel, fein gehackt
2 Knoblauchzehen, fein gehackt
1 EL Olivenöl
500 ml fertig gekaufte Pizza-Sauce
150 g Lasagneblätter (ohne Vorkochen), in kleine Stücke gebrochen
750 ml Hühnerbrühe
50 g Frischkäse, in kleine Stücke zerteilt
100 g Mozzarella, in Scheiben geschnitten
Meersalz, frisch gemahlener Pfeffer

Eine große Pfanne leer erhitzen. Wurstbrät, Zwiebel und Knoblauch im Öl anbraten, dabei das Wurstbrät gut zerteilen. Tomatensauce, Lasagneblätter und Hühnerbrühe hinzufügen, salzen, pfeffern und aufkochen. Etwa 15 Minuten kochen oder so lange, bis die Teigblätter gar sind, dabei häufig umrühren. Den Backofengrill vorheizen. Den Frischkäse unter die Sauce mischen und schmelzen lassen. Mit Mozzarella belegen und unter dem Grill überbacken.

Lodge

SPAGHETTI BOLOGNESE AUS DER PFANNE

FÜR 4 PERSONEN

1 Zwiebel, fein gehackt
1 Karotte, fein gewürfelt
2 EL Olivenöl
450 g mageres Rinderhackfleisch
2 EL Tomatenpüree
750 ml fertig gekaufte Pizza-Sauce
500 ml Hühnerbrühe
325 g Spaghetti
Meersalz, frisch gemahlener Pfeffer
Parmesanspäne zum Servieren

Eine große Edelstahlpfanne leer erhitzen. Zwiebel und Karotte im Öl 10 Minuten zugedeckt weich dünsten, ab und zu umrühren. Das Hackfleisch hinzufügen und gut anbraten. Das Tomatenpüree beigeben und 1 Minute unterrühren. Tomatensauce, Hühnerbrühe und Spaghetti hinzufügen. Die Spaghetti vorsichtig in die Sauce drücken, bis sie weich werden. Zugedeckt 5 Minuten köcheln lassen. Dann offen kochen, bis die Spaghetti al dente sind. Salzen, pfeffern und mit Parmesan bestreuen.

All-Clad

BŒUF STROGANOFF

FÜR 4 PERSONEN

275 g Champignons, in Scheiben geschnitten
2 EL Olivenöl
Meersalz, frisch gemahlener Pfeffer
450 g mageres Rindersteak,
in dünne Streifen geschnitten
2 Knoblauchzehen, fein gehackt
2 EL Dijonsenf
125 ml trockener Rotwein
850 ml Rinderbrühe
200 g Eiernudeln
3 EL Crème fraîche

Eine große Pfanne leer erhitzen. Die Champignons in 1 EL Öl 5 Minuten kräftig anbraten, würzen. Herausnehmen. Die Pfanne wieder leer erhitzen, das restliche Öl hinzufügen, das Rindfleisch würzen und kräftig anbraten. Den Knoblauch 1 Minute mitbraten. Den Senf hinzufügen und 1 Minute unterrühren. Den Rotwein hinzugießen, den Bratensatz lösen, die Rinderbrühe beigeben und aufkochen. Nudeln und Champignons hinzufügen und weiter köcheln lassen, bis die Nudeln al dente sind. Die Crème fraîche hinzufügen und abschmecken.

TORTELLINI MIT HÜHNCHEN

FÜR 4 PERSONEN

350 g Hühnerbrust, grob gewürfelt
Meersalz, frisch gemahlener Pfeffer
1½ EL Olivenöl
2 Knoblauchzehen, fein gehackt
500 ml Hühner- oder Gemüsebrühe
350 g frische Tortellini, mit Käse gefüllt
225 g Zuckerschoten (Kefen),
schräg in Stücke geschnitten
50 g Frischkäse
2 EL Zitronensaft

Das Hühnerfleisch würzen. Eine große Pfanne leer erhitzen. Das Öl in die Pfanne geben und das Fleisch 6–8 Minuten goldbraun und gar braten. Herausnehmen und warm stellen. Den Knoblauch in die Pfanne geben und goldbraun braten, die Brühe hinzufügen und aufkochen. Die Tortellini darin 4–7 Minuten oder nach Packungsangabe garen, in den letzten 3 Minuten die Zuckerschoten mitgaren. Vom Herd nehmen, den Frischkäse, dann den Zitronensaft unterrühren. Das Fleisch wieder in die Pfanne geben und mit Pfeffer würzen.

LODGE

RISONI MIT LAMMKOTELETTS

FÜR 4 PERSONEN

2 EL Kapern, abgespült, trocken getupft
2 EL Olivenöl
2 TL abgeriebene Zitronenschale
1 EL fein gehackte glatte Petersilie
8 Lammkoteletts
Meersalz, frisch gemahlener Pfeffer
125 ml trockener Weißwein
225 g Risoni (Orzo, Pasta in Reiskornform)
500 ml Hühnerbrühe
25 g Parmesan, fein gerieben
1 EL Zitronensaft

Den Ofen auf 200 Grad vorheizen. Eine große Pfanne leer erhitzen. Die Kapern im heißen Öl knusprig braten. Herausnehmen, abkühlen lassen, mit Zitronenschale und Petersilie mischen. Die Lammkoteletts würzen. Bei starker Hitze auf jeder Seite 2–3 Minuten anbräunen. Herausnehmen und warm stellen. Das Fett abgießen, den Wein zugeben und unter Rühren den Bratensatz lösen. Die Risoni hinzufügen und gut umrühren. Die Hühnerbrühe zugießen und aufkochen. Im Ofen 8 Minuten garen. Dann das Fleisch hineinlegen und im Ofen weiter garen, bis die Pasta weich und fast alle Flüssigkeit aufgesaugt ist. Zitronensaft und Parmesan unter die Pasta rühren. Mit den Kapern bestreuen.

All-Clad

KÄSENUDELN

FÜR 4 PERSONEN

4 EL Butter
4 EL Mehl
750 ml Vollmilch, warm
Meersalz, frisch gemahlener Pfeffer
225 g kleine muschelförmige Nudeln
225 g würziger Käse, grob gerieben
2 EL fein geriebener Parmesan

Den Ofen auf 180 Grad vorheizen. Die Butter in einer großen Pfanne bei mittlerer Hitze schmelzen. Sobald sie aufschäumt, das Mehl hinzufügen und umrühren. Nach und nach die Milch unterrühren. 250 ml Wasser und je ½ TL Salz und Pfeffer hinzufügen. Aufkochen, dabei von Zeit zu Zeit umrühren. Die Nudeln hinzufügen und 1 Minute umrühren. Zugedeckt im Ofen 12–14 Minuten garen, bis die Nudeln al dente sind. Herausnehmen und den Käse unter die Nudeln rühren, bis er schmilzt. Fein geriebenen Parmesan darüberstreuen.

RICOTTA-CANNELLONI

FÜR 4 PERSONEN

1 große Zwiebel, fein gehackt
1 EL Olivenöl
300 g frischer Ricotta (Vollfett)
1 großes Ei
½ Bund Basilikum, grob gehackt
50 g Parmesan, gerieben
Meersalz, frisch gemahlener Pfeffer
550 ml fertig gekaufte Pizza-Sauce
250 g ausgerollter Pastateig
120 g Mozzarella, in Scheiben geschnitten

Den Ofen auf 190 Grad vorheizen. Eine große Edelstahlpfanne leer erhitzen. Die Zwiebel im heißen Öl andünsten. Herausnehmen. Den Ricotta mit Ei, Basilikum und Parmesan mischen, würzen. 400 ml Tomatensauce in die Pfanne geben. Den Pastateig in 10 x 15 cm große Stücke schneiden. Je 4 EL Ricottamischung auf das eine Ende jedes Teigstücks geben, aufrollen und mit der Naht nach unten in die Tomatensauce legen. Die restliche Tomatensauce, Zwiebel und Mozzarella darüber verteilen. Im Ofen 25–30 Minuten goldbraun überbacken.

All-Clad

RAVIOLI MIT HARISSA

FÜR 2 PERSONEN

3 Knoblauchzehen, fein geschnitten
1 EL Olivenöl
300 ml Hühnerbrühe
300 g Ravioli (Käse- oder Pilzfüllung)
100 g Harissa (Chili-Gewürzpaste)
50 g Laban oder Naturjoghurt
Basilikumblätter zum Servieren

Eine große Pfanne leer erhitzen. Den Knoblauch im heißen Öl goldbraun braten. Herausnehmen. Hühnerbrühe und Ravioli in die Pfanne geben und die Ravioli nach Packungsangabe garen, dabei ab und zu wenden. Harissa und Knoblauch hinzufügen. Vom Herd nehmen und Laban oder Joghurt einrühren. Mit Basilikum bestreuen.

All-Clad

PASTA PRIMAVERA

FÜR 4 PERSONEN

225 g Penne
750 ml Hühner- oder Gemüsebrühe, heiß
250 g grüne Spargel, holzige Enden entfernt, in 3 cm lange Stücke geschnitten
225 g Brokkolini (Stangenbrokkoli), Enden abgeschnitten, dicke Stängel halbiert
125 g Erbsen, tiefgefrorene aufgetaut
3 EL Crème fraîche
50 g Parmesan, fein gerieben
1 EL Estragon, gehackt
Meersalz, frisch gemahlener Pfeffer

Die Nudeln in eine große Pfanne geben und mit der heißen Brühe übergießen. Aufkochen und unter ständigem Rühren 5 Minuten köcheln lassen. Spargel und Brokkoli hinzufügen und zugedeckt 5 Minuten köcheln lassen. Prüfen, ob die Nudeln gar sind, falls nötig noch einige Minute köcheln lassen. Vom Herd nehmen, Erbsen, Crème fraîche, Parmesan und Estragon hinzufügen. Abschmecken.

All-Clad

KUCHEN & DESSERTS

BANANENKUCHEN UPSIDE-DOWN

FÜR 8–10 PERSONEN

110 g Butter
6 reife Bananen
225 g brauner Zucker
100 g Kristallzucker
3 große Eier
1 TL Vanilleextrakt
250 g Mehl
2 TL Backpulver
½ TL Salz

Den Ofen auf 180 Grad vorheizen. In einer kleinen Gusseisenpfanne die Butter goldbraun schmelzen. In einer Schüssel 3 Bananen zerdrücken, die Butter dazugeben. 150 g braunen Zucker gleichmäßig in der Pfanne verteilen. Die restlichen Bananen längs halbieren und mit der Schnittfläche nach unten in die Pfanne legen. Den restlichen braunen und den weißen Zucker, Eier und Vanilleextrakt zu den zerdrückten Bananen geben. Das Mehl sieben, mit Backpulver und 1 Prise Salz unter die Bananenmischung ziehen. Den Teig auf die Bananen in der Pfanne geben. Im Ofen 40–45 Minuten backen. Mit einem Holzspieß prüfen, ob der Kuchen durchgebacken ist. 5 Minuten abkühlen lassen, dann stürzen.

BEEREN-CRUMBLE

FÜR 4–6 PERSONEN

350 g Himbeeren
150 g Blaubeeren
1 EL Maisstärke
80 g Zucker
125 g Mehl
100 g Butter, gewürfelt
25 g Haferflocken

Den Ofen auf 190 Grad vorheizen. Die Beeren vorsichtig mit der Maisstärke und 2 EL Zucker mischen. In eine kleine Gusseisenpfanne oder Backform (23 cm) geben. Mehl und Butter zu feinen Krümeln verreiben. Den restlichen Zucker und die Haferflocken hinzufügen und zu kleinen Klumpen formen. Auf den Beeren verteilen. Im Ofen 30–35 Minuten backen, bis die Streusel goldbraun sind.

SAFTIGE BROWNIES

FÜR 8–10 PERSONEN

175 g dunkle Schokolade, fein gehackt
150 g Butter, in kleine Stücke geschnitten
3 Eier, Raumtemperatur
200 g brauner Zucker
75 g gemahlene Haselnüsse oder Mandeln
50 g Kakaopulver
1 Prise Salz

Den Ofen auf 180 Grad vorheizen. Schokolade und Butter in einer Schüssel in der Mikrowelle schmelzen. Eier und Zucker schaumig rühren. Die Schokoladenmischung darunterziehen. Haselnüsse, Kakaopulver und Salz hinzufügen. In eine kleine Gusseisenpfanne oder Backform (23 cm) füllen und im unteren Drittel des Ofens 25 Minuten backen.

OFENPFANNKUCHEN MIT BLAUBEEREN

FÜR 4–6 PERSONEN

4 große Eier, Raumtemperatur
250 ml Vollmilch, warm
125 g Mehl
50 g Zucker, plus 1 EL
1 TL Vanilleextrakt
1 Prise Salz
3 EL Butter
1 TL abgeriebene Zitronenschale
175 g Blaubeeren

Den Ofen auf 220 Grad vorheizen. Eine große Gusseisenpfanne leer erhitzen. Eier, Milch, Mehl, 50 g Zucker, Vanilleextrakt und Salz mixen. Die Butter in der heißen Pfanne aufschäumen lassen. Den Teig in die Pfanne geben und im Ofen 20 Minuten backen, bis er aufgegangen und goldbraun ist. 1 EL Zucker mit der Zitronenschale mischen und auf dem Pfannkuchen verteilen. Mit Blaubeeren dekorieren.

CRÊPES

FÜR 8 STÜCK

4 große Eier
250 ml Vollmilch
120 g Mehl
1 EL Zucker
1 Prise Salz
Kokosöl zum Backen

Eier, Milch, Mehl, Zucker und Salz 15 Sekunden mixen. 30 Minuten bis maximal 48 Stunden kühl stellen. Eine Edelstahlpfanne leer erhitzen. ½ TL Kokosöl gleichmäßig darin verteilen. 1 Schöpflöffel Teig in die Pfanne geben und durch sofortiges Schwenken gleichmäßig verteilen. 45 Sekunden hell goldbraun backen. Wenden und auf der anderen Seite 30 Sekunden backen. Aus der Pfanne nehmen. Mit dem restlichen Teig ebenso verfahren.

KIRSCH-CLAFOUTIS

FÜR 6 PERSONEN

1 EL Butter
200 ml Vollmilch
50 ml Rahm (Sahne)
3 große Eier
60 g Mehl
1 TL Vanillepaste
100 g Zucker, plus 2 EL
350 g Kirschen, entsteint

Den Ofen auf 180 Grad vorheizen. Die Butter in einer großen Gusseisenpfanne aufschäumen lassen. Milch, Rahm, Eier, Mehl, Vanille und 100 g Zucker zu einem glatten Teig mixen. In die Pfanne geben, die Kirschen hinzufügen. Im Ofen 40–45 Minuten goldbraun backen. Mit dem zusätzlichen Zucker bestreuen.

HIMBEER-MANDEL-KUCHEN

FÜR 6–8 PERSONEN

250 g Mehl
2 TL Backpulver
1 Prise Salz
4 EL brauner Zucker, plus 2 EL
85 g Kokosöl, geschmolzen
½ TL Mandelextrakt
5 EL heißes Wasser
150 g Himbeeren
25 g Mandelblättchen

Den Ofen auf 180 Grad vorheizen. Mehl, Backpulver, Salz und 4 EL Zucker mischen. Das Kokosöl mit dem Mandelextrakt verrühren. Mit einer Gabel das Mehl einarbeiten, bis kleine Klumpen entstehen. Das heiße Wasser und die Himbeeren daruntermischen. Vorsichtig zu einer Kugel formen, dabei nicht zu stark bearbeiten. In eine kleine Gusseisenpfanne oder Kuchenform (23 cm) geben, flach drücken. Mit Mandelblättchen und restlichem Zucker bestreuen. Im unteren Drittel des Ofens 40–45 Minuten goldbraun backen. Mit einem Holzspieß prüfen, ob der Kuchen durchgebacken ist.

CHOCOLATE-CHIP-KUCHEN

FÜR 6 PERSONEN

110 g Kokosblütenzucker und 75 g Kristallzucker
100 g Butter, Raumtemperatur
½ TL Salz
1 großes Ei
1 TL Vanillepaste
100 g Mehl
¼ TL Backpulver
130 g Zartbitterschokolade, grob gehackt
¼ TL Meersalzflocken

Den Ofen auf 190 Grad vorheizen. Die beiden Zucker, Butter und Salz verrühren. Ei und Vanillepaste unterrühren. Mehl und Backpulver hinzufügen und zu einem glatten Teig verarbeiten. Drei Viertel der Schokolade unterrühren. Den Teig in eine eingefettete kleine Pfanne oder Kuchenform (23 cm) geben und flach drücken. Mit der restlichen Schokolade und den Salzflocken bestreuen. Auf der untersten Schiene des Ofens 22–27 Minuten backen, bis der Teig in der Mitte nicht mehr flüssig ist. 1 Stunde abkühlen lassen.

APFEL-MANDEL-KUCHEN

FÜR 6–8 PERSONEN

100 g gemahlene Mandeln
¼ TL Salz
175 g Zucker
2 große Eier, Raumtemperatur
1 TL Mandelextrakt
1 großer Apfel, geschält, entkernt
10 g Butter, geschmolzen
25 g Mandelblättchen

Den Ofen auf 180 Grad vorheizen. Die gemahlenen Mandeln mit dem Salz mischen. 1 EL Zucker zurückbehalten, den Rest des Zuckers mit den Eiern zu einer dicken, hellen Masse schlagen. Den Mandelextrakt und die gemahlenen Mandeln unterrühren. Eine Hälfte des Apfels klein würfeln, die andere Hälfte in dünne Scheiben schneiden. Die Apfelwürfel unter den Teig heben. Den Teig in eine gefettete kleine Pfanne oder Kuchenform (23 cm) geben. Die Apfelscheiben auf dem Teig anordnen. Mit geschmolzener Butter bestreichen und mit Mandelblättchen und 1 EL Zucker bestreuen. Im Ofen 40–45 Minuten goldbraun backen.

TARTE TATIN MIT BIRNEN

FÜR 6–8 PERSONEN

150 g Zucker
45 g Butter, gewürfelt
1 Prise grobes Meersalz
7 kleine, reife, aber feste Birnen, geschält, halbiert, entkernt
100 g Marzipan
300 g Blätterteig, rund ausgerollt

Den Ofen auf 200 Grad vorheizen. Eine große Edelstahlpfanne erhitzen. Den Zucker in die Pfanne geben und goldbraun schmelzen. Vom Herd nehmen, Butter und Salz hinzufügen. Die Birnen in die Pfanne legen und 10–12 Minuten karamellisieren und fast weich garen, dabei gelegentlich wenden. Die Birnen mit der Schnittfläche nach oben drehen und an die Stelle des Kerngehäuses Marzipan geben. Den Teig über die Birnen legen, den überstehenden Rand in die Pfanne drücken. Im Ofen 30 Minuten goldbraun backen. 5 Minuten abkühlen lassen, dann auf eine Kuchenplatte stürzen.

SCHOKOSCHNECKEN

FÜR 12 STÜCK

125 ml Milch + 125 ml Wasser, lauwarm
2 TL Trockenhefe
2 EL Zucker
375 g Mehl
100 g Butter
½ TL Meersalz
50 g dunkle Schokolade
25 g Puderzucker, gesiebt
1 EL Kakaopulver
100 g Puderzucker + 2 EL Milch + 1 EL Butter

Milch und Wasser mischen. Hefe, Zucker und 125 g Mehl hinzufügen und 10 Minuten ruhen lassen, bis sich Blasen bilden. 50 g Butter schmelzen, mit Salz und dem restlichen Mehl hinzufügen und zu einem Teig verarbeiten. Zugedeckt 1 Stunde auf das doppelte Volumen gehen lassen. Die Schokolade mit 50 g Butter schmelzen, Puderzucker und Kakaopulver untermischen. Den Teig auf einer bemehlten Arbeitsfläche zu einem Rechteck von 23 x 30 cm ausrollen. Mit der Schokoladenmischung bestreichen. Von der Längsseite her eng aufrollen. Die Rolle in 12 Stücke schneiden und diese in eine große Gusseisenpfanne legen. Zugedeckt 1 Stunde gehen lassen. Den Ofen auf 180 Grad vorheizen und die Schnecken 25–30 Minuten goldbraun backen.
In einer kleinen Pfanne Puderzucker, Milch und Butter schmelzen, über die warmen Schokoladenschnecken träufeln.

Ich danke Catie Ziller, Kathy Steer und Alice Chadwick für ihre wunderbare Arbeit an diesem Buch und überhaupt. Herzlichen Dank auch an Beatriz da Costa und Frances Boswell für die tollen Fotos und das Foodstyling.
Dank an meine Mutter, die den Abwasch immer gerne vor dem Essen erledigt – dieses Buch ist für Dich! Und an meinen Vater, der den Abwasch immer gerne meidet, jetzt gibt es keine Entschuldigung mehr!
Dank an Don, Charlie und Poppy, Ihr seid mein Ein und Alles.

Übersetzt von Barbara Buchwalter

Fotos: Beatriz Da Costa
Foodstyling: Frances Boswell
Grafische Gestaltung: Alice Chadwick
Satz: AT Verlag
Printed in China

ISBN 978-3-03800-078-5

www.at-verlag.ch

Der AT Verlag, AZ Fachverlage AG, wird vom Bundesamt für Kultur mit einem Strukturbeitrag für die Jahre 2016–2020 unterstützt.